THIS BOOK BELONGS TO:

CONTACT INFORMATION

NAME:	
ADDRESS:	
PHONE:	

START / END DATES

/   /   TO   /   /

DEDICATION

This Aquarium Maintenance Log is dedicated to all the people out there who want to maintain a healthy fish aquarium and document their findings in the process.

You are my inspiration for producing books and I'm honored to be a part of keeping all of your Aquarium notes, and records organized.

This journal notebook will help you record your details about tracking the health of your aquarium.

Thoughtfully put together with these sections to record: General Maintenance, Equipment Maintenance, Water Quality, Care & Observation, Expenses, Supply List, Occupants, Plant Inventory & much more!

HOW TO USE THIS BOOK

The purpose of this book is to keep all of your Aquarium Maintenance notes all in one place. It will help keep you organized.

This Aquarium Maintenance Log will allow you to accurately document every detail about all of your Aquarium. It's a great way to chart your course through maintaining a healthy aquarium.

Here are examples of the prompts for you to fill in and write about your experience in this book:

1. Aquarium ID, Size & Date - Write aquarium id, what size it is, and the date.

2. General Maintenance - Log Water Change, General Cleaning, Gravel Cleaning, Algae Cleaning, Livestock Inspections, Notes for other.

3. Equipment Maintenance - Record the Filter Maintenance, Media Cleaned, Media Replaced, Air Pump/ Hoses, Lighting, Notes for other.

4. Water Quality - Record pH, Ammonia, Nitrates, Nitrites, GH, Notes for other.

5. General Care & Observations - Log Feeding Schedule, Spawning, Water Temperature & Quality, Medications, Water Conditioners, Disease Diagnosis.

6. Expenses - For equipment, Fish, Plants, Maintenance, Medication, Food, Supplies, & Total Cost.

7. Aquarium Occupants - Record Name, Quantity, & Date of each.

8. Supplies List - Log Item, Quantity, Supplier, & Date Purchased.

9. Plant Inventory - Write Species, Date Added, & Blank Lined Notes.

10. Health History - Record Pet Name, Tank #, Date Sick, Treatment Plan, # of Days Treated, & Was Treatment a Succes?

11. Feeding Log - Checkboxes for Feeding each day of the week, & morning, noon, and night.

AQUARIUM WORKSHEET

AQUARIUM ID		AQUARIUM SIZE		DATE	

GENERAL MAINTENANCE

- O WATER CHANGE   %
- O GENERAL CLEANING
- O GRAVEL CLEANING
- O ALGAE CLEANING
- O LIVESTOCK INSPECTION
- O
- O

EQUIPMENT MAINTENANCE

- O FILTER MAINTENANCE
- O MEDIA CLEANED
- O MEDIA REPLACED
- O AIR PUMP / HOSES
- O LIGHTING
- O
- O

WATER QUALITY

- O PH
- O AMMONIA
- O NITRATES
- O NITRITES
- O GH
- O
- O

GENERAL CARE AND OBSERVATIONS

FEEDING	
SPAWNING	
WATER TEMPERATURE AND QUALITY	
MEDICATIONS ADDED (BRAND / DOSAGE)	
WATER CONDITIONERS ADDED (BRAND / DOSAGE)	
DISEASE DIAGNOSIS	

EXPENSES

EQUIPMENT	
FISH / PLANTS	
MAINTENANCE	
MEDICATION	
FOOD	
SUPPLIES	
TOTAL COST	

AQUARIUM OCCUPANTS

NAME	QUANTITY	DATE

SUPPLIES

ITEM	QUANTITY	SUPPLIER	DATE PURCHASED

PLANT INVENTORY

TANK #	

SPECIES	DATE ADDED	NOTES

HEALTH HISTORY

PET NAME		TANK #	

DATE SICK	TREATMENT PLAN	# OF DAYS TREATED	SUCCESS?
			O YES O NO
			O YES O NO
			O YES O NO
			O YES O NO
			O YES O NO
			O YES O NO
			O YES O NO
			O YES O NO
			O YES O NO
			O YES O NO
			O YES O NO
			O YES O NO
			O YES O NO
			O YES O NO
			O YES O NO
			O YES O NO
			O YES O NO
			O YES O NO
			O YES O NO
			O YES O NO
			O YES O NO
			O YES O NO
			O YES O NO
			O YES O NO
			O YES O NO
			O YES O NO

FEEDING LOG

TANK #		MONTH				

WEEK ONE

	MONDAY	TUESDAY	WEDNESDAY	THURSDAY	FRIDAY	SATURDAY	SUNDAY
MORNING	○	○	○	○	○	○	○
NOON	○	○	○	○	○	○	○
NIGHT	○	○	○	○	○	○	○

WEEK TWO

	MONDAY	TUESDAY	WEDNESDAY	THURSDAY	FRIDAY	SATURDAY	SUNDAY
MORNING	○	○	○	○	○	○	○
NOON	○	○	○	○	○	○	○
NIGHT	○	○	○	○	○	○	○

WEEK THREE

	MONDAY	TUESDAY	WEDNESDAY	THURSDAY	FRIDAY	SATURDAY	SUNDAY
MORNING	○	○	○	○	○	○	○
NOON	○	○	○	○	○	○	○
NIGHT	○	○	○	○	○	○	○

WEEK FOUR

	MONDAY	TUESDAY	WEDNESDAY	THURSDAY	FRIDAY	SATURDAY	SUNDAY
MORNING	○	○	○	○	○	○	○
NOON	○	○	○	○	○	○	○
NIGHT	○	○	○	○	○	○	○

AQUARIUM WORKSHEET

AQUARIUM ID		AQUARIUM SIZE		DATE	

GENERAL MAINTENANCE	EQUIPMENT MAINTENANCE	WATER QUALITY
O WATER CHANGE %	O FILTER MAINTENANCE	O PH
O GENERAL CLEANING	O MEDIA CLEANED	O AMMONIA
O GRAVEL CLEANING	O MEDIA REPLACED	O NITRATES
O ALGAE CLEANING	O AIR PUMP / HOSES	O NITRITES
O LIVESTOCK INSPECTION	O LIGHTING	O GH
O	O	O
O	O	O

GENERAL CARE AND OBSERVATIONS

FEEDING	
SPAWNING	
WATER TEMPERATURE AND QUALITY	
MEDICATIONS ADDED (BRAND / DOSAGE)	
WATER CONDITIONERS ADDED (BRAND / DOSAGE)	
DISEASE DIAGNOSIS	

EXPENSES		AQUARIUM OCCUPANTS		
		NAME	QUANTITY	DATE
EQUIPMENT				
FISH / PLANTS				
MAINTENANCE				
MEDICATION				
FOOD				
SUPPLIES				
TOTAL COST				

SUPPLIES

ITEM	QUANTITY	SUPPLIER	DATE PURCHASED

PLANT INVENTORY

TANK #			
SPECIES	**DATE ADDED**	**NOTES**	

HEALTH HISTORY

PET NAME		TANK #	

DATE SICK	TREATMENT PLAN	# OF DAYS TREATED	SUCCESS?
			O YES O NO
			O YES O NO
			O YES O NO
			O YES O NO
			O YES O NO
			O YES O NO
			O YES O NO
			O YES O NO
			O YES O NO
			O YES O NO
			O YES O NO
			O YES O NO
			O YES O NO
			O YES O NO
			O YES O NO
			O YES O NO
			O YES O NO
			O YES O NO
			O YES O NO
			O YES O NO
			O YES O NO
			O YES O NO
			O YES O NO
			O YES O NO
			O YES O NO
			O YES O NO

FEEDING LOG

TANK #		MONTH	

WEEK ONE

	MONDAY	TUESDAY	WEDNESDAY	THURSDAY	FRIDAY	SATURDAY	SUNDAY
MORNING	○	○	○	○	○	○	○
NOON	○	○	○	○	○	○	○
NIGHT	○	○	○	○	○	○	○

WEEK TWO

	MONDAY	TUESDAY	WEDNESDAY	THURSDAY	FRIDAY	SATURDAY	SUNDAY
MORNING	○	○	○	○	○	○	○
NOON	○	○	○	○	○	○	○
NIGHT	○	○	○	○	○	○	○

WEEK THREE

	MONDAY	TUESDAY	WEDNESDAY	THURSDAY	FRIDAY	SATURDAY	SUNDAY
MORNING	○	○	○	○	○	○	○
NOON	○	○	○	○	○	○	○
NIGHT	○	○	○	○	○	○	○

WEEK FOUR

	MONDAY	TUESDAY	WEDNESDAY	THURSDAY	FRIDAY	SATURDAY	SUNDAY
MORNING	○	○	○	○	○	○	○
NOON	○	○	○	○	○	○	○
NIGHT	○	○	○	○	○	○	○

AQUARIUM WORKSHEET

AQUARIUM ID		AQUARIUM SIZE		DATE	

GENERAL MAINTENANCE	EQUIPMENT MAINTENANCE	WATER QUALITY
O WATER CHANGE %	O FILTER MAINTENANCE	O PH
O GENERAL CLEANING	O MEDIA CLEANED	O AMMONIA
O GRAVEL CLEANING	O MEDIA REPLACED	O NITRATES
O ALGAE CLEANING	O AIR PUMP / HOSES	O NITRITES
O LIVESTOCK INSPECTION	O LIGHTING	O GH
O	O	O
O	O	O

GENERAL CARE AND OBSERVATIONS

FEEDING	
SPAWNING	
WATER TEMPERATURE AND QUALITY	
MEDICATIONS ADDED (BRAND / DOSAGE)	
WATER CONDITIONERS ADDED (BRAND / DOSAGE)	
DISEASE DIAGNOSIS	

EXPENSES

EQUIPMENT	
FISH / PLANTS	
MAINTENANCE	
MEDICATION	
FOOD	
SUPPLIES	
TOTAL COST	

AQUARIUM OCCUPANTS

NAME	QUANTITY	DATE

SUPPLIES

ITEM	QUANTITY	SUPPLIER	DATE PURCHASED

PLANT INVENTORY

TANK #		

SPECIES	DATE ADDED	NOTES

HEALTH HISTORY

PET NAME		TANK #	

DATE SICK	TREATMENT PLAN	# OF DAYS TREATED	SUCCESS?
			O YES O NO
			O YES O NO
			O YES O NO
			O YES O NO
			O YES O NO
			O YES O NO
			O YES O NO
			O YES O NO
			O YES O NO
			O YES O NO
			O YES O NO
			O YES O NO
			O YES O NO
			O YES O NO
			O YES O NO
			O YES O NO
			O YES O NO
			O YES O NO
			O YES O NO
			O YES O NO
			O YES O NO
			O YES O NO
			O YES O NO
			O YES O NO
			O YES O NO
			O YES O NO
			O YES O NO

FEEDING LOG

TANK #		MONTH					

WEEK ONE

	MONDAY	TUESDAY	WEDNESDAY	THURSDAY	FRIDAY	SATURDAY	SUNDAY
MORNING	○	○	○	○	○	○	○
NOON	○	○	○	○	○	○	○
NIGHT	○	○	○	○	○	○	○

WEEK TWO

	MONDAY	TUESDAY	WEDNESDAY	THURSDAY	FRIDAY	SATURDAY	SUNDAY
MORNING	○	○	○	○	○	○	○
NOON	○	○	○	○	○	○	○
NIGHT	○	○	○	○	○	○	○

WEEK THREE

	MONDAY	TUESDAY	WEDNESDAY	THURSDAY	FRIDAY	SATURDAY	SUNDAY
MORNING	○	○	○	○	○	○	○
NOON	○	○	○	○	○	○	○
NIGHT	○	○	○	○	○	○	○

WEEK FOUR

	MONDAY	TUESDAY	WEDNESDAY	THURSDAY	FRIDAY	SATURDAY	SUNDAY
MORNING	○	○	○	○	○	○	○
NOON	○	○	○	○	○	○	○
NIGHT	○	○	○	○	○	○	○

AQUARIUM WORKSHEET

AQUARIUM ID		AQUARIUM SIZE		DATE	

GENERAL MAINTENANCE	EQUIPMENT MAINTENANCE	WATER QUALITY
O WATER CHANGE %	O FILTER MAINTENANCE	O PH
O GENERAL CLEANING	O MEDIA CLEANED	O AMMONIA
O GRAVEL CLEANING	O MEDIA REPLACED	O NITRATES
O ALGAE CLEANING	O AIR PUMP / HOSES	O NITRITES
O LIVESTOCK INSPECTION	O LIGHTING	O GH
O	O	O
O	O	O

GENERAL CARE AND OBSERVATIONS

FEEDING	
SPAWNING	
WATER TEMPERATURE AND QUALITY	
MEDICATIONS ADDED (BRAND / DOSAGE)	
WATER CONDITIONERS ADDED (BRAND / DOSAGE)	
DISEASE DIAGNOSIS	

EXPENSES		AQUARIUM OCCUPANTS			
			NAME	QUANTITY	DATE
EQUIPMENT					
FISH / PLANTS					
MAINTENANCE					
MEDICATION					
FOOD					
SUPPLIES					
TOTAL COST					

SUPPLIES

ITEM	QUANTITY	SUPPLIER	DATE PURCHASED

PLANT INVENTORY

TANK #

SPECIES	DATE ADDED	NOTES

HEALTH HISTORY

PET NAME		TANK #	

DATE SICK	TREATMENT PLAN	# OF DAYS TREATED	SUCCESS?
			O YES O NO
			O YES O NO
			O YES O NO
			O YES O NO
			O YES O NO
			O YES O NO
			O YES O NO
			O YES O NO
			O YES O NO
			O YES O NO
			O YES O NO
			O YES O NO
			O YES O NO
			O YES O NO
			O YES O NO
			O YES O NO
			O YES O NO
			O YES O NO
			O YES O NO
			O YES O NO
			O YES O NO
			O YES O NO
			O YES O NO
			O YES O NO
			O YES O NO
			O YES O NO

FEEDING LOG

TANK #			MONTH			

WEEK ONE

	MONDAY	TUESDAY	WEDNESDAY	THURSDAY	FRIDAY	SATURDAY	SUNDAY
MORNING	○	○	○	○	○	○	○
NOON	○	○	○	○	○	○	○
NIGHT	○	○	○	○	○	○	○

WEEK TWO

	MONDAY	TUESDAY	WEDNESDAY	THURSDAY	FRIDAY	SATURDAY	SUNDAY
MORNING	○	○	○	○	○	○	○
NOON	○	○	○	○	○	○	○
NIGHT	○	○	○	○	○	○	○

WEEK THREE

	MONDAY	TUESDAY	WEDNESDAY	THURSDAY	FRIDAY	SATURDAY	SUNDAY
MORNING	○	○	○	○	○	○	○
NOON	○	○	○	○	○	○	○
NIGHT	○	○	○	○	○	○	○

WEEK FOUR

	MONDAY	TUESDAY	WEDNESDAY	THURSDAY	FRIDAY	SATURDAY	SUNDAY
MORNING	○	○	○	○	○	○	○
NOON	○	○	○	○	○	○	○
NIGHT	○	○	○	○	○	○	○

AQUARIUM WORKSHEET

AQUARIUM ID		AQUARIUM SIZE		DATE	

GENERAL MAINTENANCE	EQUIPMENT MAINTENANCE	WATER QUALITY
O WATER CHANGE %	O FILTER MAINTENANCE	O PH
O GENERAL CLEANING	O MEDIA CLEANED	O AMMONIA
O GRAVEL CLEANING	O MEDIA REPLACED	O NITRATES
O ALGAE CLEANING	O AIR PUMP / HOSES	O NITRITES
O LIVESTOCK INSPECTION	O LIGHTING	O GH
O	O	O
O	O	O

GENERAL CARE AND OBSERVATIONS

FEEDING	
SPAWNING	
WATER TEMPERATURE AND QUALITY	
MEDICATIONS ADDED (BRAND / DOSAGE)	
WATER CONDITIONERS ADDED (BRAND / DOSAGE)	
DISEASE DIAGNOSIS	

EXPENSES		AQUARIUM OCCUPANTS		
		NAME	QUANTITY	DATE
EQUIPMENT				
FISH / PLANTS				
MAINTENANCE				
MEDICATION				
FOOD				
SUPPLIES				
TOTAL COST				

SUPPLIES

ITEM	QUANTITY	SUPPLIER	DATE PURCHASED

PLANT INVENTORY

TANK #		

SPECIES	DATE ADDED	NOTES

HEALTH HISTORY

PET NAME		TANK #	

DATE SICK	TREATMENT PLAN	# OF DAYS TREATED	SUCCESS?
			O YES O NO
			O YES O NO
			O YES O NO
			O YES O NO
			O YES O NO
			O YES O NO
			O YES O NO
			O YES O NO
			O YES O NO
			O YES O NO
			O YES O NO
			O YES O NO
			O YES O NO
			O YES O NO
			O YES O NO
			O YES O NO
			O YES O NO
			O YES O NO
			O YES O NO
			O YES O NO
			O YES O NO
			O YES O NO
			O YES O NO
			O YES O NO
			O YES O NO
			O YES O NO

FEEDING LOG

TANK #				MONTH			

WEEK ONE

	MONDAY	TUESDAY	WEDNESDAY	THURSDAY	FRIDAY	SATURDAY	SUNDAY
MORNING	○	○	○	○	○	○	○
NOON	○	○	○	○	○	○	○
NIGHT	○	○	○	○	○	○	○

WEEK TWO

	MONDAY	TUESDAY	WEDNESDAY	THURSDAY	FRIDAY	SATURDAY	SUNDAY
MORNING	○	○	○	○	○	○	○
NOON	○	○	○	○	○	○	○
NIGHT	○	○	○	○	○	○	○

WEEK THREE

	MONDAY	TUESDAY	WEDNESDAY	THURSDAY	FRIDAY	SATURDAY	SUNDAY
MORNING	○	○	○	○	○	○	○
NOON	○	○	○	○	○	○	○
NIGHT	○	○	○	○	○	○	○

WEEK FOUR

	MONDAY	TUESDAY	WEDNESDAY	THURSDAY	FRIDAY	SATURDAY	SUNDAY
MORNING	○	○	○	○	○	○	○
NOON	○	○	○	○	○	○	○
NIGHT	○	○	○	○	○	○	○

AQUARIUM WORKSHEET

AQUARIUM ID		AQUARIUM SIZE		DATE	

GENERAL MAINTENANCE	EQUIPMENT MAINTENANCE	WATER QUALITY
O WATER CHANGE %	O FILTER MAINTENANCE	O PH
O GENERAL CLEANING	O MEDIA CLEANED	O AMMONIA
O GRAVEL CLEANING	O MEDIA REPLACED	O NITRATES
O ALGAE CLEANING	O AIR PUMP / HOSES	O NITRITES
O LIVESTOCK INSPECTION	O LIGHTING	O GH
O	O	O
O	O	O

GENERAL CARE AND OBSERVATIONS

FEEDING	
SPAWNING	
WATER TEMPERATURE AND QUALITY	
MEDICATIONS ADDED (BRAND / DOSAGE)	
WATER CONDITIONERS ADDED (BRAND / DOSAGE)	
DISEASE DIAGNOSIS	

EXPENSES		AQUARIUM OCCUPANTS		
		NAME	QUANTITY	DATE
EQUIPMENT				
FISH / PLANTS				
MAINTENANCE				
MEDICATION				
FOOD				
SUPPLIES				
TOTAL COST				

SUPPLIES

ITEM	QUANTITY	SUPPLIER	DATE PURCHASED

PLANT INVENTORY

TANK #

SPECIES	DATE ADDED	NOTES

HEALTH HISTORY

PET NAME		TANK #	

DATE SICK	TREATMENT PLAN	# OF DAYS TREATED	SUCCESS?
			O YES O NO
			O YES O NO
			O YES O NO
			O YES O NO
			O YES O NO
			O YES O NO
			O YES O NO
			O YES O NO
			O YES O NO
			O YES O NO
			O YES O NO
			O YES O NO
			O YES O NO
			O YES O NO
			O YES O NO
			O YES O NO
			O YES O NO
			O YES O NO
			O YES O NO
			O YES O NO
			O YES O NO
			O YES O NO
			O YES O NO
			O YES O NO
			O YES O NO
			O YES O NO

FEEDING LOG

TANK #				MONTH			

WEEK ONE

	MONDAY	TUESDAY	WEDNESDAY	THURSDAY	FRIDAY	SATURDAY	SUNDAY
MORNING	○	○	○	○	○	○	○
NOON	○	○	○	○	○	○	○
NIGHT	○	○	○	○	○	○	○

WEEK TWO

	MONDAY	TUESDAY	WEDNESDAY	THURSDAY	FRIDAY	SATURDAY	SUNDAY
MORNING	○	○	○	○	○	○	○
NOON	○	○	○	○	○	○	○
NIGHT	○	○	○	○	○	○	○

WEEK THREE

	MONDAY	TUESDAY	WEDNESDAY	THURSDAY	FRIDAY	SATURDAY	SUNDAY
MORNING	○	○	○	○	○	○	○
NOON	○	○	○	○	○	○	○
NIGHT	○	○	○	○	○	○	○

WEEK FOUR

	MONDAY	TUESDAY	WEDNESDAY	THURSDAY	FRIDAY	SATURDAY	SUNDAY
MORNING	○	○	○	○	○	○	○
NOON	○	○	○	○	○	○	○
NIGHT	○	○	○	○	○	○	○

AQUARIUM WORKSHEET

AQUARIUM ID		AQUARIUM SIZE		DATE	

GENERAL MAINTENANCE	EQUIPMENT MAINTENANCE	WATER QUALITY
O WATER CHANGE %	O FILTER MAINTENANCE	O PH
O GENERAL CLEANING	O MEDIA CLEANED	O AMMONIA
O GRAVEL CLEANING	O MEDIA REPLACED	O NITRATES
O ALGAE CLEANING	O AIR PUMP / HOSES	O NITRITES
O LIVESTOCK INSPECTION	O LIGHTING	O GH
O	O	O
O	O	O

GENERAL CARE AND OBSERVATIONS

FEEDING	
SPAWNING	
WATER TEMPERATURE AND QUALITY	
MEDICATIONS ADDED (BRAND / DOSAGE)	
WATER CONDITIONERS ADDED (BRAND / DOSAGE)	
DISEASE DIAGNOSIS	

EXPENSES		AQUARIUM OCCUPANTS		
		NAME	QUANTITY	DATE
EQUIPMENT				
FISH / PLANTS				
MAINTENANCE				
MEDICATION				
FOOD				
SUPPLIES				
TOTAL COST				

SUPPLIES

ITEM	QUANTITY	SUPPLIER	DATE PURCHASED

PLANT INVENTORY

TANK #

SPECIES	DATE ADDED	NOTES

HEALTH HISTORY

PET NAME		TANK #	

DATE SICK	TREATMENT PLAN	# OF DAYS TREATED	SUCCESS?
			O YES O NO
			O YES O NO
			O YES O NO
			O YES O NO
			O YES O NO
			O YES O NO
			O YES O NO
			O YES O NO
			O YES O NO
			O YES O NO
			O YES O NO
			O YES O NO
			O YES O NO
			O YES O NO
			O YES O NO
			O YES O NO
			O YES O NO
			O YES O NO
			O YES O NO
			O YES O NO
			O YES O NO
			O YES O NO
			O YES O NO
			O YES O NO
			O YES O NO
			O YES O NO

FEEDING LOG

TANK #		MONTH					

WEEK ONE

	MONDAY	TUESDAY	WEDNESDAY	THURSDAY	FRIDAY	SATURDAY	SUNDAY
MORNING	○	○	○	○	○	○	○
NOON	○	○	○	○	○	○	○
NIGHT	○	○	○	○	○	○	○

WEEK TWO

	MONDAY	TUESDAY	WEDNESDAY	THURSDAY	FRIDAY	SATURDAY	SUNDAY
MORNING	○	○	○	○	○	○	○
NOON	○	○	○	○	○	○	○
NIGHT	○	○	○	○	○	○	○

WEEK THREE

	MONDAY	TUESDAY	WEDNESDAY	THURSDAY	FRIDAY	SATURDAY	SUNDAY
MORNING	○	○	○	○	○	○	○
NOON	○	○	○	○	○	○	○
NIGHT	○	○	○	○	○	○	○

WEEK FOUR

	MONDAY	TUESDAY	WEDNESDAY	THURSDAY	FRIDAY	SATURDAY	SUNDAY
MORNING	○	○	○	○	○	○	○
NOON	○	○	○	○	○	○	○
NIGHT	○	○	○	○	○	○	○

AQUARIUM WORKSHEET

AQUARIUM ID		AQUARIUM SIZE		DATE	

GENERAL MAINTENANCE

- O WATER CHANGE   %
- O GENERAL CLEANING
- O GRAVEL CLEANING
- O ALGAE CLEANING
- O LIVESTOCK INSPECTION
- O
- O

EQUIPMENT MAINTENANCE

- O FILTER MAINTENANCE
- O MEDIA CLEANED
- O MEDIA REPLACED
- O AIR PUMP / HOSES
- O LIGHTING
- O
- O

WATER QUALITY

- O PH
- O AMMONIA
- O NITRATES
- O NITRITES
- O GH
- O
- O

GENERAL CARE AND OBSERVATIONS

FEEDING	
SPAWNING	
WATER TEMPERATURE AND QUALITY	
MEDICATIONS ADDED (BRAND / DOSAGE)	
WATER CONDITIONERS ADDED (BRAND / DOSAGE)	
DISEASE DIAGNOSIS	

EXPENSES

EQUIPMENT	
FISH / PLANTS	
MAINTENANCE	
MEDICATION	
FOOD	
SUPPLIES	
TOTAL COST	

AQUARIUM OCCUPANTS

NAME	QUANTITY	DATE

SUPPLIES

ITEM	QUANTITY	SUPPLIER	DATE PURCHASED

PLANT INVENTORY

TANK #		

SPECIES	DATE ADDED	NOTES

HEALTH HISTORY

PET NAME		TANK #	

DATE SICK	TREATMENT PLAN	# OF DAYS TREATED	SUCCESS?
			O YES O NO
			O YES O NO
			O YES O NO
			O YES O NO
			O YES O NO
			O YES O NO
			O YES O NO
			O YES O NO
			O YES O NO
			O YES O NO
			O YES O NO
			O YES O NO
			O YES O NO
			O YES O NO
			O YES O NO
			O YES O NO
			O YES O NO
			O YES O NO
			O YES O NO
			O YES O NO
			O YES O NO
			O YES O NO
			O YES O NO
			O YES O NO
			O YES O NO
			O YES O NO

FEEDING LOG

TANK #		MONTH				

WEEK ONE

	MONDAY	TUESDAY	WEDNESDAY	THURSDAY	FRIDAY	SATURDAY	SUNDAY
MORNING	○	○	○	○	○	○	○
NOON	○	○	○	○	○	○	○
NIGHT	○	○	○	○	○	○	○

WEEK TWO

	MONDAY	TUESDAY	WEDNESDAY	THURSDAY	FRIDAY	SATURDAY	SUNDAY
MORNING	○	○	○	○	○	○	○
NOON	○	○	○	○	○	○	○
NIGHT	○	○	○	○	○	○	○

WEEK THREE

	MONDAY	TUESDAY	WEDNESDAY	THURSDAY	FRIDAY	SATURDAY	SUNDAY
MORNING	○	○	○	○	○	○	○
NOON	○	○	○	○	○	○	○
NIGHT	○	○	○	○	○	○	○

WEEK FOUR

	MONDAY	TUESDAY	WEDNESDAY	THURSDAY	FRIDAY	SATURDAY	SUNDAY
MORNING	○	○	○	○	○	○	○
NOON	○	○	○	○	○	○	○
NIGHT	○	○	○	○	○	○	○

AQUARIUM WORKSHEET

AQUARIUM ID		AQUARIUM SIZE		DATE	

GENERAL MAINTENANCE	EQUIPMENT MAINTENANCE	WATER QUALITY
O WATER CHANGE %	O FILTER MAINTENANCE	O PH
O GENERAL CLEANING	O MEDIA CLEANED	O AMMONIA
O GRAVEL CLEANING	O MEDIA REPLACED	O NITRATES
O ALGAE CLEANING	O AIR PUMP / HOSES	O NITRITES
O LIVESTOCK INSPECTION	O LIGHTING	O GH
O	O	O
O	O	O

GENERAL CARE AND OBSERVATIONS

FEEDING	
SPAWNING	
WATER TEMPERATURE AND QUALITY	
MEDICATIONS ADDED (BRAND / DOSAGE)	
WATER CONDITIONERS ADDED (BRAND / DOSAGE)	
DISEASE DIAGNOSIS	

EXPENSES		AQUARIUM OCCUPANTS		
		NAME	QUANTITY	DATE
EQUIPMENT				
FISH / PLANTS				
MAINTENANCE				
MEDICATION				
FOOD				
SUPPLIES				
TOTAL COST				

SUPPLIES

ITEM	QUANTITY	SUPPLIER	DATE PURCHASED

PLANT INVENTORY

TANK #

SPECIES	DATE ADDED	NOTES

HEALTH HISTORY

PET NAME		TANK #	

DATE SICK	TREATMENT PLAN	# OF DAYS TREATED	SUCCESS?
			O YES O NO
			O YES O NO
			O YES O NO
			O YES O NO
			O YES O NO
			O YES O NO
			O YES O NO
			O YES O NO
			O YES O NO
			O YES O NO
			O YES O NO
			O YES O NO
			O YES O NO
			O YES O NO
			O YES O NO
			O YES O NO
			O YES O NO
			O YES O NO
			O YES O NO
			O YES O NO
			O YES O NO
			O YES O NO
			O YES O NO
			O YES O NO
			O YES O NO
			O YES O NO

FEEDING LOG

TANK #		MONTH				

WEEK ONE

	MONDAY	TUESDAY	WEDNESDAY	THURSDAY	FRIDAY	SATURDAY	SUNDAY
MORNING	○	○	○	○	○	○	○
NOON	○	○	○	○	○	○	○
NIGHT	○	○	○	○	○	○	○

WEEK TWO

	MONDAY	TUESDAY	WEDNESDAY	THURSDAY	FRIDAY	SATURDAY	SUNDAY
MORNING	○	○	○	○	○	○	○
NOON	○	○	○	○	○	○	○
NIGHT	○	○	○	○	○	○	○

WEEK THREE

	MONDAY	TUESDAY	WEDNESDAY	THURSDAY	FRIDAY	SATURDAY	SUNDAY
MORNING	○	○	○	○	○	○	○
NOON	○	○	○	○	○	○	○
NIGHT	○	○	○	○	○	○	○

WEEK FOUR

	MONDAY	TUESDAY	WEDNESDAY	THURSDAY	FRIDAY	SATURDAY	SUNDAY
MORNING	○	○	○	○	○	○	○
NOON	○	○	○	○	○	○	○
NIGHT	○	○	○	○	○	○	○

AQUARIUM WORKSHEET

AQUARIUM ID		AQUARIUM SIZE		DATE	

GENERAL MAINTENANCE	EQUIPMENT MAINTENANCE	WATER QUALITY
O WATER CHANGE %	O FILTER MAINTENANCE	O PH
O GENERAL CLEANING	O MEDIA CLEANED	O AMMONIA
O GRAVEL CLEANING	O MEDIA REPLACED	O NITRATES
O ALGAE CLEANING	O AIR PUMP / HOSES	O NITRITES
O LIVESTOCK INSPECTION	O LIGHTING	O GH
O	O	O
O	O	O

GENERAL CARE AND OBSERVATIONS

FEEDING	
SPAWNING	
WATER TEMPERATURE AND QUALITY	
MEDICATIONS ADDED (BRAND / DOSAGE)	
WATER CONDITIONERS ADDED (BRAND / DOSAGE)	
DISEASE DIAGNOSIS	

EXPENSES

EQUIPMENT	
FISH / PLANTS	
MAINTENANCE	
MEDICATION	
FOOD	
SUPPLIES	
TOTAL COST	

AQUARIUM OCCUPANTS

NAME	QUANTITY	DATE

SUPPLIES

ITEM	QUANTITY	SUPPLIER	DATE PURCHASED

PLANT INVENTORY

TANK #		

SPECIES	DATE ADDED	NOTES

HEALTH HISTORY

PET NAME		TANK #	

DATE SICK	TREATMENT PLAN	# OF DAYS TREATED	SUCCESS?
			O YES O NO
			O YES O NO
			O YES O NO
			O YES O NO
			O YES O NO
			O YES O NO
			O YES O NO
			O YES O NO
			O YES O NO
			O YES O NO
			O YES O NO
			O YES O NO
			O YES O NO
			O YES O NO
			O YES O NO
			O YES O NO
			O YES O NO
			O YES O NO
			O YES O NO
			O YES O NO
			O YES O NO
			O YES O NO
			O YES O NO
			O YES O NO
			O YES O NO
			O YES O NO
			O YES O NO

FEEDING LOG

TANK #		MONTH					

WEEK ONE

	MONDAY	TUESDAY	WEDNESDAY	THURSDAY	FRIDAY	SATURDAY	SUNDAY
MORNING	○	○	○	○	○	○	○
NOON	○	○	○	○	○	○	○
NIGHT	○	○	○	○	○	○	○

WEEK TWO

	MONDAY	TUESDAY	WEDNESDAY	THURSDAY	FRIDAY	SATURDAY	SUNDAY
MORNING	○	○	○	○	○	○	○
NOON	○	○	○	○	○	○	○
NIGHT	○	○	○	○	○	○	○

WEEK THREE

	MONDAY	TUESDAY	WEDNESDAY	THURSDAY	FRIDAY	SATURDAY	SUNDAY
MORNING	○	○	○	○	○	○	○
NOON	○	○	○	○	○	○	○
NIGHT	○	○	○	○	○	○	○

WEEK FOUR

	MONDAY	TUESDAY	WEDNESDAY	THURSDAY	FRIDAY	SATURDAY	SUNDAY
MORNING	○	○	○	○	○	○	○
NOON	○	○	○	○	○	○	○
NIGHT	○	○	○	○	○	○	○

AQUARIUM WORKSHEET

AQUARIUM ID		AQUARIUM SIZE		DATE	

GENERAL MAINTENANCE	EQUIPMENT MAINTENANCE	WATER QUALITY
O WATER CHANGE %	O FILTER MAINTENANCE	O PH
O GENERAL CLEANING	O MEDIA CLEANED	O AMMONIA
O GRAVEL CLEANING	O MEDIA REPLACED	O NITRATES
O ALGAE CLEANING	O AIR PUMP / HOSES	O NITRITES
O LIVESTOCK INSPECTION	O LIGHTING	O GH
O	O	O
O	O	O

GENERAL CARE AND OBSERVATIONS

FEEDING	
SPAWNING	
WATER TEMPERATURE AND QUALITY	
MEDICATIONS ADDED (BRAND / DOSAGE)	
WATER CONDITIONERS ADDED (BRAND / DOSAGE)	
DISEASE DIAGNOSIS	

EXPENSES		AQUARIUM OCCUPANTS		
		NAME	QUANTITY	DATE
EQUIPMENT				
FISH / PLANTS				
MAINTENANCE				
MEDICATION				
FOOD				
SUPPLIES				
TOTAL COST				

SUPPLIES

ITEM	QUANTITY	SUPPLIER	DATE PURCHASED

PLANT INVENTORY

TANK #		

SPECIES	DATE ADDED	NOTES

HEALTH HISTORY

PET NAME		TANK #	

DATE SICK	TREATMENT PLAN	# OF DAYS TREATED	SUCCESS?
			O YES O NO
			O YES O NO
			O YES O NO
			O YES O NO
			O YES O NO
			O YES O NO
			O YES O NO
			O YES O NO
			O YES O NO
			O YES O NO
			O YES O NO
			O YES O NO
			O YES O NO
			O YES O NO
			O YES O NO
			O YES O NO
			O YES O NO
			O YES O NO
			O YES O NO
			O YES O NO
			O YES O NO
			O YES O NO
			O YES O NO
			O YES O NO
			O YES O NO

FEEDING LOG

TANK #			MONTH				

WEEK ONE

	MONDAY	TUESDAY	WEDNESDAY	THURSDAY	FRIDAY	SATURDAY	SUNDAY
MORNING	○	○	○	○	○	○	○
NOON	○	○	○	○	○	○	○
NIGHT	○	○	○	○	○	○	○

WEEK TWO

	MONDAY	TUESDAY	WEDNESDAY	THURSDAY	FRIDAY	SATURDAY	SUNDAY
MORNING	○	○	○	○	○	○	○
NOON	○	○	○	○	○	○	○
NIGHT	○	○	○	○	○	○	○

WEEK THREE

	MONDAY	TUESDAY	WEDNESDAY	THURSDAY	FRIDAY	SATURDAY	SUNDAY
MORNING	○	○	○	○	○	○	○
NOON	○	○	○	○	○	○	○
NIGHT	○	○	○	○	○	○	○

WEEK FOUR

	MONDAY	TUESDAY	WEDNESDAY	THURSDAY	FRIDAY	SATURDAY	SUNDAY
MORNING	○	○	○	○	○	○	○
NOON	○	○	○	○	○	○	○
NIGHT	○	○	○	○	○	○	○

AQUARIUM WORKSHEET

AQUARIUM ID		AQUARIUM SIZE		DATE	

GENERAL MAINTENANCE	EQUIPMENT MAINTENANCE	WATER QUALITY
O WATER CHANGE %	O FILTER MAINTENANCE	O PH
O GENERAL CLEANING	O MEDIA CLEANED	O AMMONIA
O GRAVEL CLEANING	O MEDIA REPLACED	O NITRATES
O ALGAE CLEANING	O AIR PUMP / HOSES	O NITRITES
O LIVESTOCK INSPECTION	O LIGHTING	O GH
O	O	O
O	O	O

GENERAL CARE AND OBSERVATIONS

FEEDING	
SPAWNING	
WATER TEMPERATURE AND QUALITY	
MEDICATIONS ADDED (BRAND / DOSAGE)	
WATER CONDITIONERS ADDED (BRAND / DOSAGE)	
DISEASE DIAGNOSIS	

EXPENSES

EQUIPMENT	
FISH / PLANTS	
MAINTENANCE	
MEDICATION	
FOOD	
SUPPLIES	
TOTAL COST	

AQUARIUM OCCUPANTS

NAME	QUANTITY	DATE

SUPPLIES

ITEM	QUANTITY	SUPPLIER	DATE PURCHASED

PLANT INVENTORY

TANK #

SPECIES	DATE ADDED	NOTES

HEALTH HISTORY

PET NAME		TANK #	

DATE SICK	TREATMENT PLAN	# OF DAYS TREATED	SUCCESS?
			O YES O NO
			O YES O NO
			O YES O NO
			O YES O NO
			O YES O NO
			O YES O NO
			O YES O NO
			O YES O NO
			O YES O NO
			O YES O NO
			O YES O NO
			O YES O NO
			O YES O NO
			O YES O NO
			O YES O NO
			O YES O NO
			O YES O NO
			O YES O NO
			O YES O NO
			O YES O NO
			O YES O NO
			O YES O NO
			O YES O NO
			O YES O NO
			O YES O NO
			O YES O NO

FEEDING LOG

TANK #				MONTH		

WEEK ONE

	MONDAY	TUESDAY	WEDNESDAY	THURSDAY	FRIDAY	SATURDAY	SUNDAY
MORNING	○	○	○	○	○	○	○
NOON	○	○	○	○	○	○	○
NIGHT	○	○	○	○	○	○	○

WEEK TWO

	MONDAY	TUESDAY	WEDNESDAY	THURSDAY	FRIDAY	SATURDAY	SUNDAY
MORNING	○	○	○	○	○	○	○
NOON	○	○	○	○	○	○	○
NIGHT	○	○	○	○	○	○	○

WEEK THREE

	MONDAY	TUESDAY	WEDNESDAY	THURSDAY	FRIDAY	SATURDAY	SUNDAY
MORNING	○	○	○	○	○	○	○
NOON	○	○	○	○	○	○	○
NIGHT	○	○	○	○	○	○	○

WEEK FOUR

	MONDAY	TUESDAY	WEDNESDAY	THURSDAY	FRIDAY	SATURDAY	SUNDAY
MORNING	○	○	○	○	○	○	○
NOON	○	○	○	○	○	○	○
NIGHT	○	○	○	○	○	○	○

AQUARIUM WORKSHEET

AQUARIUM ID		AQUARIUM SIZE		DATE	

GENERAL MAINTENANCE	EQUIPMENT MAINTENANCE	WATER QUALITY
O WATER CHANGE %	O FILTER MAINTENANCE	O PH
O GENERAL CLEANING	O MEDIA CLEANED	O AMMONIA
O GRAVEL CLEANING	O MEDIA REPLACED	O NITRATES
O ALGAE CLEANING	O AIR PUMP / HOSES	O NITRITES
O LIVESTOCK INSPECTION	O LIGHTING	O GH
O	O	O
O	O	O

GENERAL CARE AND OBSERVATIONS

FEEDING	
SPAWNING	
WATER TEMPERATURE AND QUALITY	
MEDICATIONS ADDED (BRAND / DOSAGE)	
WATER CONDITIONERS ADDED (BRAND / DOSAGE)	
DISEASE DIAGNOSIS	

EXPENSES		AQUARIUM OCCUPANTS		
		NAME	QUANTITY	DATE
EQUIPMENT				
FISH / PLANTS				
MAINTENANCE				
MEDICATION				
FOOD				
SUPPLIES				
TOTAL COST				

SUPPLIES

ITEM	QUANTITY	SUPPLIER	DATE PURCHASED

PLANT INVENTORY

TANK #		

SPECIES	DATE ADDED	NOTES

HEALTH HISTORY

PET NAME		TANK #	

DATE SICK	TREATMENT PLAN	# OF DAYS TREATED	SUCCESS?
			O YES O NO
			O YES O NO
			O YES O NO
			O YES O NO
			O YES O NO
			O YES O NO
			O YES O NO
			O YES O NO
			O YES O NO
			O YES O NO
			O YES O NO
			O YES O NO
			O YES O NO
			O YES O NO
			O YES O NO
			O YES O NO
			O YES O NO
			O YES O NO
			O YES O NO
			O YES O NO
			O YES O NO
			O YES O NO
			O YES O NO
			O YES O NO
			O YES O NO
			O YES O NO
			O YES O NO

FEEDING LOG

TANK #			MONTH			

WEEK ONE

	MONDAY	TUESDAY	WEDNESDAY	THURSDAY	FRIDAY	SATURDAY	SUNDAY
MORNING	○	○	○	○	○	○	○
NOON	○	○	○	○	○	○	○
NIGHT	○	○	○	○	○	○	○

WEEK TWO

	MONDAY	TUESDAY	WEDNESDAY	THURSDAY	FRIDAY	SATURDAY	SUNDAY
MORNING	○	○	○	○	○	○	○
NOON	○	○	○	○	○	○	○
NIGHT	○	○	○	○	○	○	○

WEEK THREE

	MONDAY	TUESDAY	WEDNESDAY	THURSDAY	FRIDAY	SATURDAY	SUNDAY
MORNING	○	○	○	○	○	○	○
NOON	○	○	○	○	○	○	○
NIGHT	○	○	○	○	○	○	○

WEEK FOUR

	MONDAY	TUESDAY	WEDNESDAY	THURSDAY	FRIDAY	SATURDAY	SUNDAY
MORNING	○	○	○	○	○	○	○
NOON	○	○	○	○	○	○	○
NIGHT	○	○	○	○	○	○	○

AQUARIUM WORKSHEET

AQUARIUM ID		AQUARIUM SIZE		DATE	

GENERAL MAINTENANCE	EQUIPMENT MAINTENANCE	WATER QUALITY
O WATER CHANGE %	O FILTER MAINTENANCE	O PH
O GENERAL CLEANING	O MEDIA CLEANED	O AMMONIA
O GRAVEL CLEANING	O MEDIA REPLACED	O NITRATES
O ALGAE CLEANING	O AIR PUMP / HOSES	O NITRITES
O LIVESTOCK INSPECTION	O LIGHTING	O GH
O	O	O
O	O	O

GENERAL CARE AND OBSERVATIONS

FEEDING	
SPAWNING	
WATER TEMPERATURE AND QUALITY	
MEDICATIONS ADDED (BRAND / DOSAGE)	
WATER CONDITIONERS ADDED (BRAND / DOSAGE)	
DISEASE DIAGNOSIS	

EXPENSES		AQUARIUM OCCUPANTS		
		NAME	QUANTITY	DATE
EQUIPMENT				
FISH / PLANTS				
MAINTENANCE				
MEDICATION				
FOOD				
SUPPLIES				
TOTAL COST				

SUPPLIES

ITEM	QUANTITY	SUPPLIER	DATE PURCHASED

PLANT INVENTORY

TANK #		

SPECIES	DATE ADDED	NOTES

HEALTH HISTORY

PET NAME		TANK #	

DATE SICK	TREATMENT PLAN	# OF DAYS TREATED	SUCCESS?
			O YES O NO
			O YES O NO
			O YES O NO
			O YES O NO
			O YES O NO
			O YES O NO
			O YES O NO
			O YES O NO
			O YES O NO
			O YES O NO
			O YES O NO
			O YES O NO
			O YES O NO
			O YES O NO
			O YES O NO
			O YES O NO
			O YES O NO
			O YES O NO
			O YES O NO
			O YES O NO
			O YES O NO
			O YES O NO
			O YES O NO
			O YES O NO
			O YES O NO
			O YES O NO

FEEDING LOG

TANK #		MONTH				

WEEK ONE

	MONDAY	TUESDAY	WEDNESDAY	THURSDAY	FRIDAY	SATURDAY	SUNDAY
MORNING	○	○	○	○	○	○	○
NOON	○	○	○	○	○	○	○
NIGHT	○	○	○	○	○	○	○

WEEK TWO

	MONDAY	TUESDAY	WEDNESDAY	THURSDAY	FRIDAY	SATURDAY	SUNDAY
MORNING	○	○	○	○	○	○	○
NOON	○	○	○	○	○	○	○
NIGHT	○	○	○	○	○	○	○

WEEK THREE

	MONDAY	TUESDAY	WEDNESDAY	THURSDAY	FRIDAY	SATURDAY	SUNDAY
MORNING	○	○	○	○	○	○	○
NOON	○	○	○	○	○	○	○
NIGHT	○	○	○	○	○	○	○

WEEK FOUR

	MONDAY	TUESDAY	WEDNESDAY	THURSDAY	FRIDAY	SATURDAY	SUNDAY
MORNING	○	○	○	○	○	○	○
NOON	○	○	○	○	○	○	○
NIGHT	○	○	○	○	○	○	○

AQUARIUM WORKSHEET

AQUARIUM ID		AQUARIUM SIZE		DATE	

GENERAL MAINTENANCE	EQUIPMENT MAINTENANCE	WATER QUALITY
O WATER CHANGE %	O FILTER MAINTENANCE	O PH
O GENERAL CLEANING	O MEDIA CLEANED	O AMMONIA
O GRAVEL CLEANING	O MEDIA REPLACED	O NITRATES
O ALGAE CLEANING	O AIR PUMP / HOSES	O NITRITES
O LIVESTOCK INSPECTION	O LIGHTING	O GH
O	O	O
O	O	O

GENERAL CARE AND OBSERVATIONS

FEEDING	
SPAWNING	
WATER TEMPERATURE AND QUALITY	
MEDICATIONS ADDED (BRAND / DOSAGE)	
WATER CONDITIONERS ADDED (BRAND / DOSAGE)	
DISEASE DIAGNOSIS	

EXPENSES	
EQUIPMENT	
FISH / PLANTS	
MAINTENANCE	
MEDICATION	
FOOD	
SUPPLIES	
TOTAL COST	

AQUARIUM OCCUPANTS		
NAME	QUANTITY	DATE

SUPPLIES

ITEM	QUANTITY	SUPPLIER	DATE PURCHASED

PLANT INVENTORY

TANK #

SPECIES	DATE ADDED	NOTES

HEALTH HISTORY

PET NAME		TANK #	

DATE SICK	TREATMENT PLAN	# OF DAYS TREATED	SUCCESS?
			O YES O NO
			O YES O NO
			O YES O NO
			O YES O NO
			O YES O NO
			O YES O NO
			O YES O NO
			O YES O NO
			O YES O NO
			O YES O NO
			O YES O NO
			O YES O NO
			O YES O NO
			O YES O NO
			O YES O NO
			O YES O NO
			O YES O NO
			O YES O NO
			O YES O NO
			O YES O NO
			O YES O NO
			O YES O NO
			O YES O NO
			O YES O NO
			O YES O NO
			O YES O NO

FEEDING LOG

TANK #			MONTH				

WEEK ONE

	MONDAY	TUESDAY	WEDNESDAY	THURSDAY	FRIDAY	SATURDAY	SUNDAY
MORNING	○	○	○	○	○	○	○
NOON	○	○	○	○	○	○	○
NIGHT	○	○	○	○	○	○	○

WEEK TWO

	MONDAY	TUESDAY	WEDNESDAY	THURSDAY	FRIDAY	SATURDAY	SUNDAY
MORNING	○	○	○	○	○	○	○
NOON	○	○	○	○	○	○	○
NIGHT	○	○	○	○	○	○	○

WEEK THREE

	MONDAY	TUESDAY	WEDNESDAY	THURSDAY	FRIDAY	SATURDAY	SUNDAY
MORNING	○	○	○	○	○	○	○
NOON	○	○	○	○	○	○	○
NIGHT	○	○	○	○	○	○	○

WEEK FOUR

	MONDAY	TUESDAY	WEDNESDAY	THURSDAY	FRIDAY	SATURDAY	SUNDAY
MORNING	○	○	○	○	○	○	○
NOON	○	○	○	○	○	○	○
NIGHT	○	○	○	○	○	○	○

AQUARIUM WORKSHEET

AQUARIUM ID		AQUARIUM SIZE		DATE	

GENERAL MAINTENANCE	EQUIPMENT MAINTENANCE	WATER QUALITY
O WATER CHANGE ___ %	O FILTER MAINTENANCE	O PH
O GENERAL CLEANING	O MEDIA CLEANED	O AMMONIA
O GRAVEL CLEANING	O MEDIA REPLACED	O NITRATES
O ALGAE CLEANING	O AIR PUMP / HOSES	O NITRITES
O LIVESTOCK INSPECTION	O LIGHTING	O GH
O	O	O
O	O	O

GENERAL CARE AND OBSERVATIONS

FEEDING	
SPAWNING	
WATER TEMPERATURE AND QUALITY	
MEDICATIONS ADDED (BRAND / DOSAGE)	
WATER CONDITIONERS ADDED (BRAND / DOSAGE)	
DISEASE DIAGNOSIS	

EXPENSES		AQUARIUM OCCUPANTS		
		NAME	QUANTITY	DATE
EQUIPMENT				
FISH / PLANTS				
MAINTENANCE				
MEDICATION				
FOOD				
SUPPLIES				
TOTAL COST				

SUPPLIES

ITEM	QUANTITY	SUPPLIER	DATE PURCHASED

PLANT INVENTORY

TANK #		

SPECIES	DATE ADDED	NOTES

HEALTH HISTORY

PET NAME		TANK #	

DATE SICK	TREATMENT PLAN	# OF DAYS TREATED	SUCCESS?
			O YES O NO
			O YES O NO
			O YES O NO
			O YES O NO
			O YES O NO
			O YES O NO
			O YES O NO
			O YES O NO
			O YES O NO
			O YES O NO
			O YES O NO
			O YES O NO
			O YES O NO
			O YES O NO
			O YES O NO
			O YES O NO
			O YES O NO
			O YES O NO
			O YES O NO
			O YES O NO
			O YES O NO
			O YES O NO
			O YES O NO
			O YES O NO
			O YES O NO
			O YES O NO

FEEDING LOG

TANK #		MONTH					

WEEK ONE

	MONDAY	TUESDAY	WEDNESDAY	THURSDAY	FRIDAY	SATURDAY	SUNDAY
MORNING	○	○	○	○	○	○	○
NOON	○	○	○	○	○	○	○
NIGHT	○	○	○	○	○	○	○

WEEK TWO

	MONDAY	TUESDAY	WEDNESDAY	THURSDAY	FRIDAY	SATURDAY	SUNDAY
MORNING	○	○	○	○	○	○	○
NOON	○	○	○	○	○	○	○
NIGHT	○	○	○	○	○	○	○

WEEK THREE

	MONDAY	TUESDAY	WEDNESDAY	THURSDAY	FRIDAY	SATURDAY	SUNDAY
MORNING	○	○	○	○	○	○	○
NOON	○	○	○	○	○	○	○
NIGHT	○	○	○	○	○	○	○

WEEK FOUR

	MONDAY	TUESDAY	WEDNESDAY	THURSDAY	FRIDAY	SATURDAY	SUNDAY
MORNING	○	○	○	○	○	○	○
NOON	○	○	○	○	○	○	○
NIGHT	○	○	○	○	○	○	○

AQUARIUM WORKSHEET

AQUARIUM ID		AQUARIUM SIZE		DATE	

GENERAL MAINTENANCE

O WATER CHANGE   %

O GENERAL CLEANING

O GRAVEL CLEANING

O ALGAE CLEANING

O LIVESTOCK INSPECTION

O

O

EQUIPMENT MAINTENANCE

O FILTER MAINTENANCE

O MEDIA CLEANED

O MEDIA REPLACED

O AIR PUMP / HOSES

O LIGHTING

O

O

WATER QUALITY

O PH

O AMMONIA

O NITRATES

O NITRITES

O GH

O

O

GENERAL CARE AND OBSERVATIONS

FEEDING	
SPAWNING	
WATER TEMPERATURE AND QUALITY	
MEDICATIONS ADDED (BRAND / DOSAGE)	
WATER CONDITIONERS ADDED (BRAND / DOSAGE)	
DISEASE DIAGNOSIS	

EXPENSES

EQUIPMENT	
FISH / PLANTS	
MAINTENANCE	
MEDICATION	
FOOD	
SUPPLIES	
TOTAL COST	

AQUARIUM OCCUPANTS

NAME	QUANTITY	DATE

SUPPLIES

ITEM	QUANTITY	SUPPLIER	DATE PURCHASED

PLANT INVENTORY

TANK #

SPECIES	DATE ADDED	NOTES

HEALTH HISTORY

PET NAME		TANK #	

DATE SICK	TREATMENT PLAN	# OF DAYS TREATED	SUCCESS?
			O YES O NO
			O YES O NO
			O YES O NO
			O YES O NO
			O YES O NO
			O YES O NO
			O YES O NO
			O YES O NO
			O YES O NO
			O YES O NO
			O YES O NO
			O YES O NO
			O YES O NO
			O YES O NO
			O YES O NO
			O YES O NO
			O YES O NO
			O YES O NO
			O YES O NO
			O YES O NO
			O YES O NO
			O YES O NO
			O YES O NO
			O YES O NO
			O YES O NO
			O YES O NO
			O YES O NO

FEEDING LOG

TANK #		MONTH				

WEEK ONE

	MONDAY	TUESDAY	WEDNESDAY	THURSDAY	FRIDAY	SATURDAY	SUNDAY
MORNING	○	○	○	○	○	○	○
NOON	○	○	○	○	○	○	○
NIGHT	○	○	○	○	○	○	○

WEEK TWO

	MONDAY	TUESDAY	WEDNESDAY	THURSDAY	FRIDAY	SATURDAY	SUNDAY
MORNING	○	○	○	○	○	○	○
NOON	○	○	○	○	○	○	○
NIGHT	○	○	○	○	○	○	○

WEEK THREE

	MONDAY	TUESDAY	WEDNESDAY	THURSDAY	FRIDAY	SATURDAY	SUNDAY
MORNING	○	○	○	○	○	○	○
NOON	○	○	○	○	○	○	○
NIGHT	○	○	○	○	○	○	○

WEEK FOUR

	MONDAY	TUESDAY	WEDNESDAY	THURSDAY	FRIDAY	SATURDAY	SUNDAY
MORNING	○	○	○	○	○	○	○
NOON	○	○	○	○	○	○	○
NIGHT	○	○	○	○	○	○	○

AQUARIUM WORKSHEET

AQUARIUM ID		AQUARIUM SIZE		DATE	

GENERAL MAINTENANCE	EQUIPMENT MAINTENANCE	WATER QUALITY
O WATER CHANGE %	O FILTER MAINTENANCE	O PH
O GENERAL CLEANING	O MEDIA CLEANED	O AMMONIA
O GRAVEL CLEANING	O MEDIA REPLACED	O NITRATES
O ALGAE CLEANING	O AIR PUMP / HOSES	O NITRITES
O LIVESTOCK INSPECTION	O LIGHTING	O GH
O	O	O
O	O	O

GENERAL CARE AND OBSERVATIONS

FEEDING	
SPAWNING	
WATER TEMPERATURE AND QUALITY	
MEDICATIONS ADDED (BRAND / DOSAGE)	
WATER CONDITIONERS ADDED (BRAND / DOSAGE)	
DISEASE DIAGNOSIS	

EXPENSES

EQUIPMENT	
FISH / PLANTS	
MAINTENANCE	
MEDICATION	
FOOD	
SUPPLIES	
TOTAL COST	

AQUARIUM OCCUPANTS

NAME	QUANTITY	DATE

SUPPLIES

ITEM	QUANTITY	SUPPLIER	DATE PURCHASED

PLANT INVENTORY

TANK #		

SPECIES	DATE ADDED	NOTES

HEALTH HISTORY

PET NAME		TANK #	

DATE SICK	TREATMENT PLAN	# OF DAYS TREATED	SUCCESS?
			O YES O NO
			O YES O NO
			O YES O NO
			O YES O NO
			O YES O NO
			O YES O NO
			O YES O NO
			O YES O NO
			O YES O NO
			O YES O NO
			O YES O NO
			O YES O NO
			O YES O NO
			O YES O NO
			O YES O NO
			O YES O NO
			O YES O NO
			O YES O NO
			O YES O NO
			O YES O NO
			O YES O NO
			O YES O NO
			O YES O NO
			O YES O NO
			O YES O NO
			O YES O NO

FEEDING LOG

TANK #			MONTH			

WEEK ONE

	MONDAY	TUESDAY	WEDNESDAY	THURSDAY	FRIDAY	SATURDAY	SUNDAY
MORNING	○	○	○	○	○	○	○
NOON	○	○	○	○	○	○	○
NIGHT	○	○	○	○	○	○	○

WEEK TWO

	MONDAY	TUESDAY	WEDNESDAY	THURSDAY	FRIDAY	SATURDAY	SUNDAY
MORNING	○	○	○	○	○	○	○
NOON	○	○	○	○	○	○	○
NIGHT	○	○	○	○	○	○	○

WEEK THREE

	MONDAY	TUESDAY	WEDNESDAY	THURSDAY	FRIDAY	SATURDAY	SUNDAY
MORNING	○	○	○	○	○	○	○
NOON	○	○	○	○	○	○	○
NIGHT	○	○	○	○	○	○	○

WEEK FOUR

	MONDAY	TUESDAY	WEDNESDAY	THURSDAY	FRIDAY	SATURDAY	SUNDAY
MORNING	○	○	○	○	○	○	○
NOON	○	○	○	○	○	○	○
NIGHT	○	○	○	○	○	○	○

AQUARIUM WORKSHEET

AQUARIUM ID		AQUARIUM SIZE		DATE	

GENERAL MAINTENANCE	EQUIPMENT MAINTENANCE	WATER QUALITY
O WATER CHANGE %	O FILTER MAINTENANCE	O PH
O GENERAL CLEANING	O MEDIA CLEANED	O AMMONIA
O GRAVEL CLEANING	O MEDIA REPLACED	O NITRATES
O ALGAE CLEANING	O AIR PUMP / HOSES	O NITRITES
O LIVESTOCK INSPECTION	O LIGHTING	O GH
O	O	O
O	O	O

GENERAL CARE AND OBSERVATIONS

FEEDING	
SPAWNING	
WATER TEMPERATURE AND QUALITY	
MEDICATIONS ADDED (BRAND / DOSAGE)	
WATER CONDITIONERS ADDED (BRAND / DOSAGE)	
DISEASE DIAGNOSIS	

EXPENSES

EQUIPMENT	
FISH / PLANTS	
MAINTENANCE	
MEDICATION	
FOOD	
SUPPLIES	
TOTAL COST	

AQUARIUM OCCUPANTS

NAME	QUANTITY	DATE

SUPPLIES

ITEM	QUANTITY	SUPPLIER	DATE PURCHASED

PLANT INVENTORY

TANK #

SPECIES	DATE ADDED	NOTES

HEALTH HISTORY

PET NAME		TANK #	

DATE SICK	TREATMENT PLAN	# OF DAYS TREATED	SUCCESS?
			O YES O NO
			O YES O NO
			O YES O NO
			O YES O NO
			O YES O NO
			O YES O NO
			O YES O NO
			O YES O NO
			O YES O NO
			O YES O NO
			O YES O NO
			O YES O NO
			O YES O NO
			O YES O NO
			O YES O NO
			O YES O NO
			O YES O NO
			O YES O NO
			O YES O NO
			O YES O NO
			O YES O NO
			O YES O NO
			O YES O NO
			O YES O NO
			O YES O NO
			O YES O NO

FEEDING LOG

TANK #		MONTH					

WEEK ONE

	MONDAY	TUESDAY	WEDNESDAY	THURSDAY	FRIDAY	SATURDAY	SUNDAY
MORNING	○	○	○	○	○	○	○
NOON	○	○	○	○	○	○	○
NIGHT	○	○	○	○	○	○	○

WEEK TWO

	MONDAY	TUESDAY	WEDNESDAY	THURSDAY	FRIDAY	SATURDAY	SUNDAY
MORNING	○	○	○	○	○	○	○
NOON	○	○	○	○	○	○	○
NIGHT	○	○	○	○	○	○	○

WEEK THREE

	MONDAY	TUESDAY	WEDNESDAY	THURSDAY	FRIDAY	SATURDAY	SUNDAY
MORNING	○	○	○	○	○	○	○
NOON	○	○	○	○	○	○	○
NIGHT	○	○	○	○	○	○	○

WEEK FOUR

	MONDAY	TUESDAY	WEDNESDAY	THURSDAY	FRIDAY	SATURDAY	SUNDAY
MORNING	○	○	○	○	○	○	○
NOON	○	○	○	○	○	○	○
NIGHT	○	○	○	○	○	○	○

AQUARIUM WORKSHEET

AQUARIUM ID		AQUARIUM SIZE		DATE	

GENERAL MAINTENANCE	EQUIPMENT MAINTENANCE	WATER QUALITY
O WATER CHANGE %	O FILTER MAINTENANCE	O PH
O GENERAL CLEANING	O MEDIA CLEANED	O AMMONIA
O GRAVEL CLEANING	O MEDIA REPLACED	O NITRATES
O ALGAE CLEANING	O AIR PUMP / HOSES	O NITRITES
O LIVESTOCK INSPECTION	O LIGHTING	O GH
O	O	O
O	O	O

GENERAL CARE AND OBSERVATIONS

FEEDING	
SPAWNING	
WATER TEMPERATURE AND QUALITY	
MEDICATIONS ADDED (BRAND / DOSAGE)	
WATER CONDITIONERS ADDED (BRAND / DOSAGE)	
DISEASE DIAGNOSIS	

EXPENSES		AQUARIUM OCCUPANTS		
		NAME	QUANTITY	DATE
EQUIPMENT				
FISH / PLANTS				
MAINTENANCE				
MEDICATION				
FOOD				
SUPPLIES				
TOTAL COST				

SUPPLIES

ITEM	QUANTITY	SUPPLIER	DATE PURCHASED

PLANT INVENTORY

TANK #		
SPECIES	**DATE ADDED**	**NOTES**

HEALTH HISTORY

PET NAME		TANK #	

DATE SICK	TREATMENT PLAN	# OF DAYS TREATED	SUCCESS?
			O YES O NO
			O YES O NO
			O YES O NO
			O YES O NO
			O YES O NO
			O YES O NO
			O YES O NO
			O YES O NO
			O YES O NO
			O YES O NO
			O YES O NO
			O YES O NO
			O YES O NO
			O YES O NO
			O YES O NO
			O YES O NO
			O YES O NO
			O YES O NO
			O YES O NO
			O YES O NO
			O YES O NO
			O YES O NO
			O YES O NO
			O YES O NO
			O YES O NO
			O YES O NO

FEEDING LOG

TANK #		MONTH				

WEEK ONE

	MONDAY	TUESDAY	WEDNESDAY	THURSDAY	FRIDAY	SATURDAY	SUNDAY
MORNING	○	○	○	○	○	○	○
NOON	○	○	○	○	○	○	○
NIGHT	○	○	○	○	○	○	○

WEEK TWO

	MONDAY	TUESDAY	WEDNESDAY	THURSDAY	FRIDAY	SATURDAY	SUNDAY
MORNING	○	○	○	○	○	○	○
NOON	○	○	○	○	○	○	○
NIGHT	○	○	○	○	○	○	○

WEEK THREE

	MONDAY	TUESDAY	WEDNESDAY	THURSDAY	FRIDAY	SATURDAY	SUNDAY
MORNING	○	○	○	○	○	○	○
NOON	○	○	○	○	○	○	○
NIGHT	○	○	○	○	○	○	○

WEEK FOUR

	MONDAY	TUESDAY	WEDNESDAY	THURSDAY	FRIDAY	SATURDAY	SUNDAY
MORNING	○	○	○	○	○	○	○
NOON	○	○	○	○	○	○	○
NIGHT	○	○	○	○	○	○	○